運動ができる すきになる本

1

かけっこ

眞榮里耕太／監修

はじめに

あなたがこの本を手にとったのはなぜですか？

☑ 運動会で１位をとりたいから

☑ リレーのせんしゅになりたいから

☑ きろくをよくしたいから

それぞれちがうかもしれませんが、「はやく走りたい」という

気もちは同じでしょう。友だちとのしょうぶは、あいてのいることなので

うまくいかないこともあります。今の自分より少しでもはやく走ろうと心に

きめたら、この本に書かれていることをひとつずつためしてみてください。

きっと今よりきろくがよくなるはずです。がんばってください。

じゅんびと気をつけること

☑ つめをきる
☑ うわぎをずぼんに入れる
☑ ずぼんのひもをしまう
☑ ぼうしをかぶる
☑ かみが長い子はむすぶ
☑ 運動ぐつをはく
☑ じゅんび運動をする
☑ 水分をとる

つばが前にくるように
かぶる。
ごむひもをかける。 ⸻ ぼうし

うわぎのすそをずぼんに
入れる。 ⸻ うわぎ

マジックテープはしっか
り止める。ひもはしっか
りむすぶ。 ⸻ くつ

もくじ

かけっこ

☑ かけっこで人をおさない

☑ かけっこでぬくときに前の人にぶつからない
ように走る

☑ かけっこのゴールできゅうに止まらない

この本のつかい方

このシリーズは、運動ができるようになりたい人たちの
いろいろななやみにこたえて、かいけつする本です。
さまざまな運動や場面ごとにしょうかいしていますので、
どこから読んでもかまいません。
気になるところから読んでみてください。

運動のさまざまな
場面で、できるように
なりたいこと

なやみのかいけつ
ほうほうが書いて
あるページ

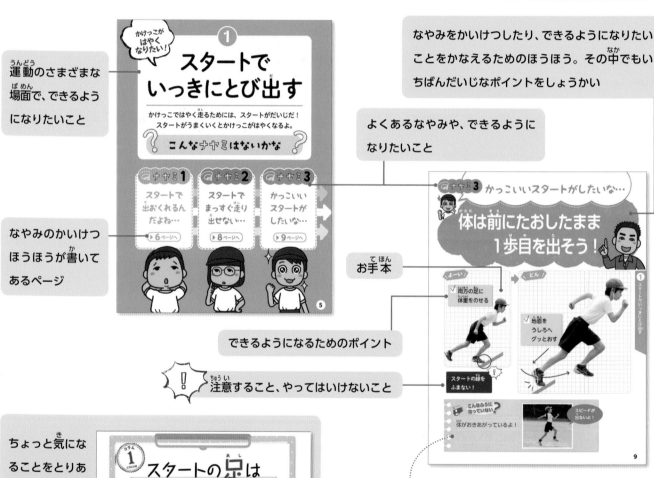

なやみをかいけつしたり、できるようになりたい
ことをかなえるためのほうほう。その中でもい
ちばんだいじなポイントをしょうかい

よくあるなやみや、できるように
なりたいこと

お手本

できるようになるためのポイント

注意すること、やってはいけないこと

ちょっと気にな
ることをとりあ
げてせつめい

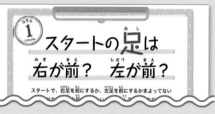

れんしゅうほう
ほうや、ためし
てみたいことを
せつめい

よくあるまちがい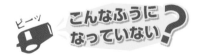

はじめのころや、にがて
な場合のやり方

気になること、聞いてみ
たいこと

① スタートで いっきにとび出す

かけっこではやく走るためには、スタートがだいじだ！
スタートがうまくいくとかけっこがはやくなるよ。

こんなナヤミはないかな

ナヤミ1

スタートで
出おくれるん
だよね…

▶6ページへ

ナヤミ2

スタートで
まっすぐ走り
出せない…

▶8ページへ

ナヤミ3

かっこいい
スタートが
したいな…

▶9ページへ

ナヤミ**1** スタートで出おくれるんだよね…

手と足をぎゃくに出してかまえるんだ！

① スタートでいっきにとび出す

\よーい/

✓ 左足が前の子は、右手を前にかまえる

右手

右手

左足

左足

こんなふうになっていない？

手と足が同じだよ

すぐにスタートできないよ！

\よーい/

左手

左足

\どん！/

まず手を入れかえることになる。そのため、足を出すタイミングがおくれるよ。

スタートの足は
右が前？　左が前？

スタートで、右足を前にするか、左足を前にするかまよってない
かな？ どちらの足を前にするといいかは、人それぞれちがうんだ。

\見つけ方/ 1

まっすぐに立ち、
体を前にたおす。

前

右足がパッと
前に出たね！

地面についたまま
だった左足を前に
しよう。

\見つけ方/ 2

ボールをける。
地面についている
足を前にしよう。

前

\見つけ方/ 3

ケンケンをする。
地面をけってない
ほうの足を
前にしよう。

前

手と同じように足にもきき足がある。きき足をうしろにすると
1歩目をはやく出すことができるんだ。でも、あまり気にせず、
どちらの足を前にしてもOKだよ！

ナヤミ2 スタートでまっすぐ走り出せない…

まっすぐ前を見よう！

① スタートでいっきにとび出す

\よーい/

☑ 体を少し前にかたむける

☑ まっすぐ前を見る

☑ 大きく足を広げて立つ

こんなふうになっていない？

下をむいて

いるね

\よーい/　\どん！/

まっすぐ走れないよ

8

体は前にたおしたまま1歩目を出そう！

よーい

✓ 両方の足に体重をのせる

スタートの線をふまない！

どん

✓ 地面をうしろへグッとおす

① スタートでいっきにとび出す

こんなふうになっていない？

体がおきあがっているよ！

スピードが出ないよ！

9

かっこいいスタートがしたいな…

うしろ足をすばやく 前へ出そう！

① スタートでいっきにとび出す

\よーい/

✓ **両足は前後に ひらく**

✓ **つま先を 前にむける**

\どん/

✓ **うしろ足を すばやく、 まっすぐ前に 出す**

こんなふうに なってない？

体やひざがまっすぐ のびているよ！

\よーい/

地面を強く けられない！

うでをふって いないよ！

\どん！/

走り にくいね

かけっこが
はやく
なりたい！

② スピードを
上げて走る

スタートから 5、6歩走るとスピードが出てくるよ。
そこからぐんぐんスピードを上げよう！

？ **こんなナヤミはないかな** ？

ナヤミ1

つかれてくると
足が前に
出ないんだ

▶12ページへ

ナヤミ2

友だちが
気になって
見ちゃう

▶13ページへ

ナヤミ3

もっと
スピードを
上げたい

▶14ページへ

あごを引こう！

✓ あごを引く

✓ まっすぐ前をむく

✓ 体は少し前にたおす

ピーッ こんなふうになっていない？

あごが上がっているよ！

つかれてくると、だんだんあごが上がってくるよ。あごが上がると、体がそってしまう。こしが下がって足を前に出しにくくなるよ。

足を出しにくくなる！

12

ナヤミ2　友だちが気になって見ちゃう

ゴールのむこうに目じるしをつくろう

☑ 目じるしを見る

☑ ゴールのむこうに目じるしをつくる

② スピードを上げて走る

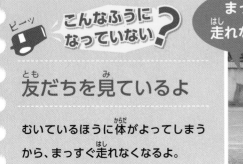

こんなふうになっていない？

友だちを見ているよ

むいているほうに体がよってしまうから、まっすぐ走れなくなるよ。

まっすぐ走れないよ！

指導者の方へ

目じるしがあるとまっすぐ走れるようになります。目じるしは、木やかべなどでかまいません。

13

ひじをうしろに強く引こう！

② スピードを上げて走る

✓ ひじをうしろに強く引く

✓ ひじをしっかりまげる

✓ 手はグーににぎる

しつもん　手はパーがいい？　グーがいい？

グーがおすすめ！

うでに力が入り、ひじをうしろにしっかり引けるようになるよ。きんちょうして、力が入りすぎてしまう子は、かるくにぎろう。かたの力がぬけて走りやすくなるよ。

ダメなうでのふり方で走ってみよう

じょうずにうでをふれるようになるために、いろいろなうでのふり方で走ってみよう。走りにくいうでのふり方を知ることも大切だよ。

① うでをふらずに走ってみよう

うでをふらないと、体を動かしづらい。足も大きく前に出せなくなるよ。

 →  →

② うでをよこにふって走ってみよう

うでをよこにふると、体もまがってしまうよ。体がまがるとまっすぐ走れなくなるんだ。

 →

はやく走るためには
うでのふり方がだいじ
なんだね。

②
スピードを上げて走る

15

ナヤミ3 もっとスピードを上げたい

足を大きく前に出そう！

✓ まっすぐ前をむく

✓ 手はグーににぎる

✓ ひじをうしろに引く

✓ 地面を強くける

✓ 大きく前に足を出す

どうしたら足が
大きく出せるかな？

れんしゅうほうほうを
しょうかいするよ！
▶18ページへ

✓ ひざを高く
上げる

ジャンプですすもう！

かけっこはジャンプですすんでいくんだ！　大きく足を前に出して、ジャンプですすんでいくために、大きなスキップと大ジャンプをやってみよう。はやく走るための足の動きがわかるよ。

① 大きなスキップですすもう

うでがまっすぐ上に上がるように、大きくうでをふってスキップをしよう！うでにひっぱられて、ひざが高く上がるよ。このひざの高さまで、走っているときもひざを上げよう！

ひざを高く上げられるようになる

スキップ

→

スキップ

② 大ジャンプですすもう

地面を強くけって大ジャンプをしながら前にすすもう。10 メートルを何歩でいけるかきょうそうするのもおすすめだよ！　より大きく前に足が出せるようになる。このときのけり方で走ろう！

足の出し方とけり方がわかる

ジャンプ

こんなふうになっていない❓

大また歩きに

なっているよ

ジャンプですすめない！

ける足が地面についたままだと、ジャンプにならない。走るときのけり方のれんしゅうにならないよ。

どうして、まっすぐ前をむくことがだいじなの？

まっすぐ前をむくとまっすぐ走れるからだよ。
まっすぐいちばんみじかいきょりを走りぬけよう！

＼よくない走り方／ 1
友だちを見る

見ているほうに体がよってしまう。
となりの子を見ていると、だんだんその子に近づいていってしまうよ。

＼よくない走り方／ 2
頭をふりながら走る

頭の動きにあわせて、体も動いてしまう。走りづらくなるよ。

＼よくない走り方／ 3
上をむく

体がそってしまう。
足を大きく前に出せなくなるよ。

＼よくない走り方／ 4
下をむく

どこにむかって走っているかわからなくなるよ。

ゴールにむかってまっすぐ走ることが、いちばんはやく走るほうほう。
よこや上、下を見て走るとどんどんおそくなってしまうよ。

コーナーをスムーズにまわる

かけっこがはやくなりたい！

まっすぐ走るのと、コーナーを走るのとでは、走り方がかわるよ。コーナーをまわるときのコツをおさえよう。

こんなナヤミはないかな

ナヤミ1

だんだんラインからはなれちゃう

▶22ページへ

ナヤミ2

うまくまわれなくてスピードがおそくなるの

▶23ページへ

ナヤミ3

コーナーをはやく走りたい！

▶24ページへ

ちょっと 先を見よう！

③ コーナーをスムーズにまわる

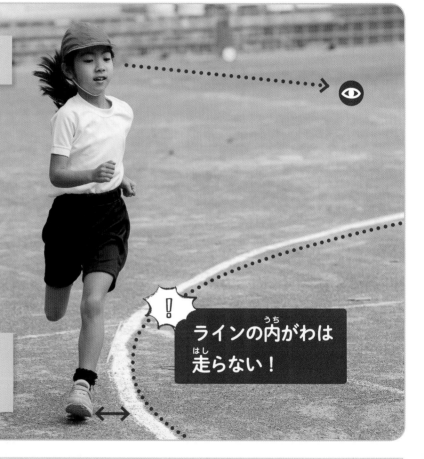

☑ ちょっと先を見る

☑ ラインのすぐ そばを走る

! ラインの内がわは 走らない！

ピーッ こんなふうに なっていない？

下をむいて走って

いるよ

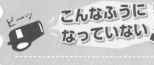

ラインから遠く はなれてしまう！

コーナーのかたちが見えていないから、コーナーからはなれていってしまう。見ているほうへ足は出るので少し先を見るとコーナーにそって走れるよ。

右うでを 大きくふろう

☑ 右うでは 大きくふる

右うで

☑ 体は左に 少したおす

③ コーナーをスムーズにまわる

しつもん どうして右うでを大きくふるの？

コーナーでバランスがとりやすくなるから

ふつうトラックは、時計とはんたいまわりに走るから、上の写真のように右うでが外がわになるんだ。コーナーの外がわのうで（右うで）を大きくふるとバランスがとりやすくなるよ。

コーナーの中ほどで 少しスピードをおとそう

③ コーナーをスムーズにまわる

ステップ1

コーナーに入ると、少し体を左にたおす

ステップ2

コーナーの中ほどは小さめに足を出す

✓ コーナーの中ほどで少しスピードをおとす

ステップ3

コーナーのおわりにくると、またスピードを上げる

こんなふうになっていない？

コーナーでもずっと全力で走っているよ

コーナーのラインからはなれちゃう！

はやいスピードのまま走りつづけると、うまくコーナーをまわりきれない。コーナーをぬけるころ、外に大きくはみ出してしまうんだ。

24

かけっこが
はやく
なりたい！

④ さいごまでしっかりゴールする

ゴールのしかたできろくがのびるよ！
さいごまで全力（ぜんりょく）でかけぬけよう。

こんなナヤミはないかな

ナヤミ1

友（とも）だちがゴールするとやる気（き）がなくなるんだ

▶26ページへ

ナヤミ2

さいごにぬかれちゃうのよね

▶27ページへ

ナヤミ3

ゴールでもっときろくをのばしたい

▶28ページへ

じぶんのきろくとしょうぶだ！

4 さいごまでしっかりゴールする

✓ 走_{はし}るのがはやい人_{ひと}と走_{はし}るときは、前_{まえ}の人_{ひと}においつこうと考_{かんが}える

✓ 大_{おお}きくうでをふる

✓ 友_{とも}だちがゴールしたら、これまでよりもはやいきろくを出_だそうと考_{かんが}える

ピーッ

こんなふうになっていない？

友_{とも}だちがゴールしたら、

スピードがおちているよ

はやいきろくが出_でなくなってしまう

友_{とも}だちがゴールすると、がんばれなくなることがある。気もちがおちこむと動_{うご}きもわるくなるよ。

さいごまで足を大きく出そう

✓ 「ゴールだ！」と思って力を入れすぎない

✓ 大きく足を出す

④ さいごまでしっかりゴールする

 こんなふうになっていない❓

ゴール前に走るのがおそくなるよ！

頭が前に出ているよ

はやくゴールしようとして、しせいがわるくなることがある。力を入れすぎないよう気をつけよう。

うしろが気になって

ふりむいてるよ

ナヤミ3 ゴールでもっときろくをのばしたい

ゴールの2メートル先（さき）まで走（はし）ろう

④ さいごまでしっかりゴールする

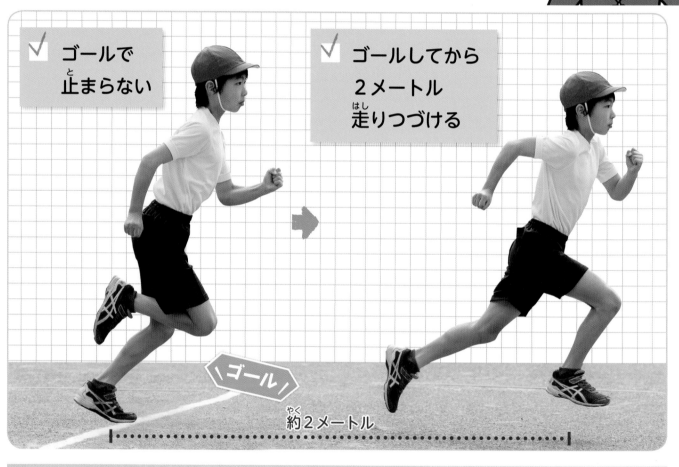

✓ ゴールで
止（と）まらない

✓ ゴールしてから
2メートル
走（はし）りつづける

ゴール

約（やく）2メートル

こんなふうに
なっていない？

ゴールで

止（と）まっているよ

スピードがおちて
きろくがのびないよ！

ゴールで止（と）まろうとすると、さいごにスピードがおちてしまう。ゴールの先（さき）にゴールをつくることで、はやいスピードのままゴールをかけぬけることができるんだ。

28

リレーでかつには
どうしたらいい？

リレーは、4〜6人で同じコースを走ることが多い。何人もが
いっしょに走るときにはやく走るポイントは2つあるよ。

\ ポイント /
1

ラインの
すぐ近くを
走りつづける

ラインの近くを走ると、
いちばんみじかいきょり
を走ることができる！
友だちがせまってきても、
気にせずライン近くを走
りつづけよう。

\ ポイント /
2

まっすぐ走っているときにぬく！
前の子をぬくときは、まっすぐ走っているときに
ぬこう。ぬくときは、前の子の外がわを走らなけ
ればならない。コーナーでぬくと大きく外がわを
走ることになりやすく、ぬきにくいよ。

リレーのバトンは、おとさないように、ていねいにわたし、うけとることがだいじだ！
はやくわたそうとあせらないようにしよう。

チェックリスト

かけっこがはやくなるためのポイントをまとめたよ。
できたものにチェックしよう！

チェック
ポイント！　かけっこ

スタートで
とび出す

- ☐ 手と足をぎゃくにかまえる
- ☐ まっすぐ前を見る
- ☐ 体は前にたおしたまま
　　1歩目を出す
- ☐ うしろ足をすばやく
　　前へ出す
- ☐ **スタートでとび出せた！**

スピードを
上げる

- ☐ あごを引く
- ☐ ゴールのむこうに目じるしを
　　つくり、目じるしを見て走る
- ☐ ひじをうしろに強く引く
- ☐ 足を大きく前に出す
- ☐ 地面を強くける
- ☐ ひざを高く上げる
- ☐ **スピードが上がった！**

コーナーを まわる

- ☐ ちょっと先を見る
- ☐ 右うでを大きくふる
- ☐ 体は左に少したおす
- ☐ コーナーの中ほどで 少しスピードをおとす
- ☐ **コーナーをスムーズに まわれた！**

ゴールする

- ☐ じぶんのきろくとしょうぶする
- ☐ さいごまで足を大きく出す
- ☐ ゴールの２メートル先まで走る
- ☐ **しっかりゴールできた！**

さくいん

監修　　　　筑波大学附属小学校　教諭　眞榮里耕太

1980年生まれ。筑波大学附属小学校教諭、筑波学校体育研究会理事、初等教育研究会会員。著書、監修に『小学校体育 写真でわかる運動と指導のポイント』（大修館書店）、『小学生の動きつくり・体つくりの教科書』（ベースボールマガジン社）、『子どもの運動能力をグングン伸ばす！ 1時間に2教材を扱う「組み合わせ単元」でつくる筑波の体育授業』『できる子が圧倒的に増える！「お手伝い・補助」で一緒に伸びる筑波の体育授業』（ともに明治図書出版）がある。

企画・制作　　　　やじろべー

デザイン・DTP　　ヨダトモコ

イラスト　　　　　河原ちょっと

撮影　　　　　　　小林 靖

運動ができる・すきになる本

 かけっこ

2020年6月20日初版第1刷印刷　　2020年6月30日初版第1刷発行

監修　眞榮里耕太

編集　株式会社　国土社編集部

発行　株式会社　国土社

　　　〒101-0062　東京都千代田区神田駿河台2-5

　　　TEL 03-6272-6125　　FAX 03-6272-6126　　https://www.kokudosha.co.jp

印刷　株式会社　厚徳社

製本　株式会社　難波製本

NDC780　32P　29cm　ISBN978-4-337-17601-0 C8375